村上祥子の
らくらく
RAKURAKU
シリーズ

F r e e z i n g

村上祥子の らくらく冷凍・解凍クッキング

M u r a k a m i S a c h i k o

冷凍保存でムダなくおいしく食べきる

ブックマン社

冷凍・解凍活用マニュアル

絶対成功する
素材別冷凍テクニックと解凍法

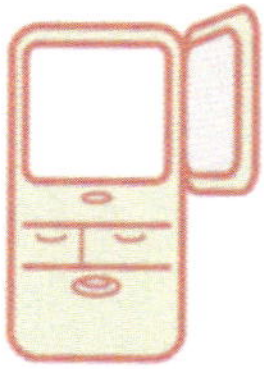

contents

村上祥子のらくらくシリーズ

村上祥子のらくらく冷凍・解凍クッキング

F r e e z i n g

ムダなく、簡単、おいしいレシピ集

おかず

ごはん・パン・麺

もう1品ほしいときに

デザート

- 原則的には500W電子レンジの加熱時間は600Wの1.2倍です。
- 電子レンジ弱とは150W,170W,200Wの電子レンジをさします。
- エネルギー[kcal]と塩分の数値は1人分です。

豊かな食卓は冷凍保存にあり

もうすぐ3人目の子どもが生まれるというとき、
東京・秋葉原の家電専門店に行き、
思い切って250*l*分入る業務用の冷凍専用ストッカーを買いました。
引っ越しのたびに持ち歩き、その冷凍庫は20年間にわたって大活躍。
大型なので、玄関横に置いていましたが、来宅した人みなが珍しがって、
中をのぞいていたことを懐かしく思い出します。
作ったものを大量に冷凍できたおかげで、時間も手間もストックできて、
元気でよく食べる夫や子どもたち、
そのまた友人たちの食事作りに本当に重宝しました。
今や、無くては暮らせない魔法の箱、冷凍冷蔵庫をもっと生かして、
食品をムダなくおいしく食べる豊かな食卓にしていきたいですね。
“豊かな食卓は保存のしかたにあり”です。

村上祥子
Murakami Sachiko

F r e e z i n g

Murakami Sachiko

F r e e z i n g

冷凍・解凍活用マニュアル

おさえておきたい冷凍・解凍の基礎を、素材別にわかりやすくまとめました。
これさえマスターすれば、食材をムダにしないで、
もっとおいしく食べられます!

フリージングのお約束5カ条

1 とにかく急速冷凍

食品を急速に冷凍すると、
中の水分は小さな氷の結晶になり、
細胞膜が破壊される割合が少なくてすみます。
その反対にゆっくり冷凍すると、
大きな氷のかたまりになって、組織を破壊し、
解凍したときにドリッピング［うま味を含んだ細胞液］が
流れ出て、品質が悪くなります。
家庭用の冷凍庫では冷凍力も容量も限界がありますが、
ちょっとした工夫をして＜急速に凍らせる＞ことを
心がけましょう。
あなたの冷凍庫に速凍［急速冷凍］ボタンがついていたり、
速凍ルームがあれば、必ず使って下さい。

2 密閉容器は透明なものを

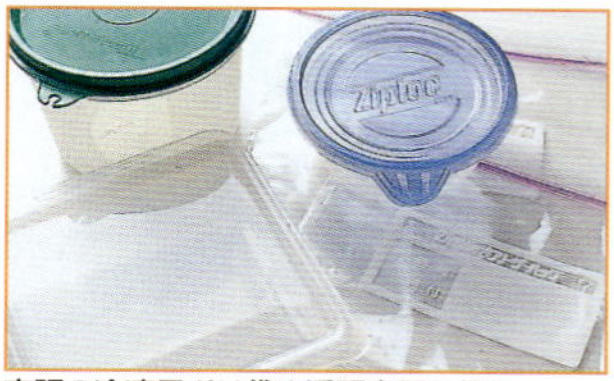

市販の冷凍用ポリ袋や透明容器を使う

食品は冷凍すると氷のかたまりとなり、
どれを見ても白っぽい色に変わります。
ただでさえ見分けがつきづらいところに、
不透明な容器に入れたのでは、中を開けてみるまで
「これ、なんだっけ」と、正体がわかりません。
密閉容器や袋は、
中身が外から見える透明な材質のものを選びましょう。

3 小さく薄くぴっちり包んで空気を抜く

1パックの量が多ければ多いほど、
凍るまでに時間がかかります。
小分けにする、薄くパックする、厚みを均一にする、
を守って、空気を抜いてラップでぴっちり包むこと。
ラップは空気を通すので、
ラップで包んだだけでは中の食品が酸化してきます。
冷凍するときは、さらに冷凍用ポリ袋に入れて。
食品を小分けにするといっても、
家族の人数によって使いやすい分量はさまざま。
自分の家にあった分量を把握することも大切です。

4 アルミトレイを利用する

食品を小分けして、ラップで薄くぴっちり包み、
冷凍用ポリ袋に包んだ後は、
アルミトレイにのせて冷凍します。
金属製のトレイを使うと、
熱伝導率が良いので急速に温度を下げられます。
とにかく、急速冷凍するための大事なテクです。
アルミトレイがなければ、
アルミホイルで包むだけでもOKです。

5 保存期間は1ヶ月を目安に

カチカチに凍ると、案外中身がわかりにくいものです。
いつ冷凍したかも、いちいち覚えてはいられません。
ビニールテープに内容と日付を書いて
貼っておきましょう。
油性ペンなら消える心配がありません。
現在の冷凍庫は、自動霜取り装置つきなので、
肉、魚介類、野菜など、なんでもおいしく食べるには、
冷凍後1カ月を目安に使い切るのが賢明です。
ただし、茶、昆布、小豆などの乾物類は6カ月までOKです。

解凍のコツ

解凍テクの上手か下手かで、
うまみが逃げないかどうかが決まります。
下ゆでや調理ずみの食品や料理は、
凍ったまま加熱調理したほうがよいのです。
生ものの解凍はもどしすぎないことが鉄則。
特に肉、魚などはもどしすぎるとうまみが流れ出て、
おいしさが半減してしまいます。
冷凍前と同じ柔らかな状態でなく、指で触ってみて
芯が残るくらいに半解凍にとどめるのがベスト。
電子レンジ弱加熱［200W、170W、150Wまたは生もの解凍］で
100gにつき2分を目安に半解凍を。
スケール［ばねばかりやデジタル式］は、
ジャスト半解凍の必需品です。

絶対成功する

素材別冷凍テクニックと解凍法

meat

肉 1

ひき肉

まずはひき肉でフリージングと解凍法の基礎をマスターしましょう。
肉の解凍は半解凍が基本です。電子レンジの“弱”は200W、170W、150Wをさします。

こうして冷凍!

1

ラップはていねいにはがす

2

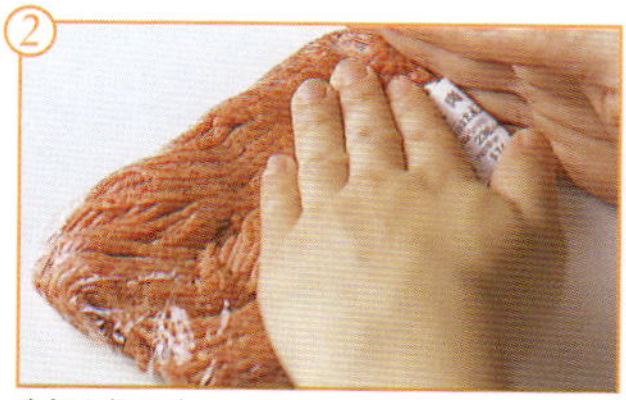

空気を押し出して平らにする

3

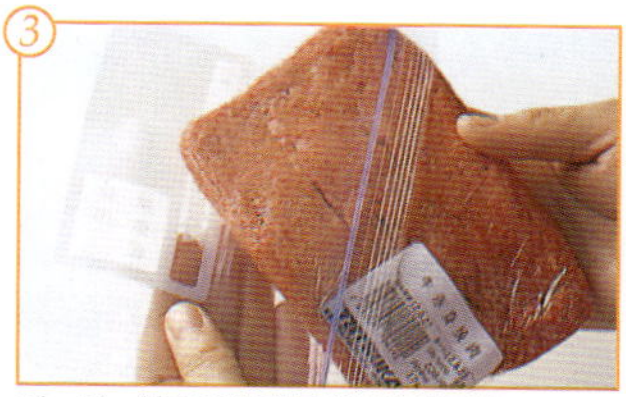

ジッパー付きの冷凍用ポリ袋が便利

冷凍 1

トレイを伏せて、ラップをはがして広げ、
トレイをはずす。

2

空気を押し出しながら、広げたラップで
ひき肉を包む。表に返して平らにする。
厚みは1.5cm以内で。

3

冷凍用ポリ袋に入れて密封。
シールを見れば部位、日付、重量が一目瞭然
なので、わざわざ油性ペンで書く
必要がありません。

4

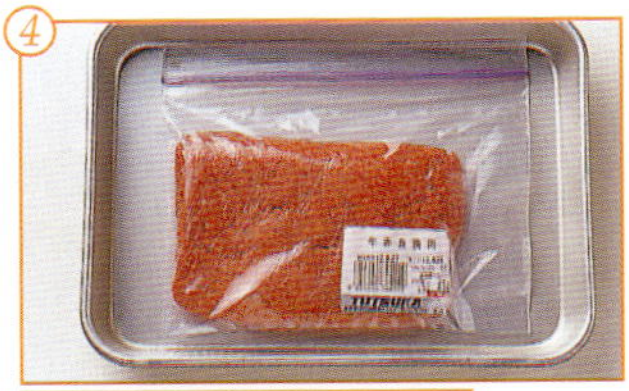

アルミトレイの中央に置く。
アルミホイルで包んでもOK

4

アルミトレイにのせて冷凍。
アルミトレイがない場合は、
アルミホイルで包んでもかまいません。

こうして！解凍！

1

ターンテーブルの端に置く

2

ふんわりとラップをかける

3

半解凍の状態にする

解凍 1

ターンテーブルに2つ折りにした
ペーパータオルをのせる。
ひき肉をポリ袋から出して、
ラップをはがしてのせる。

2

はがしたラップをフワッとのせる。
電子レンジ弱で2分加熱。

3

半解凍状態にできあがり。
ペーパータオルをしいているので、
解凍で出たドリッピングを吸いとります。

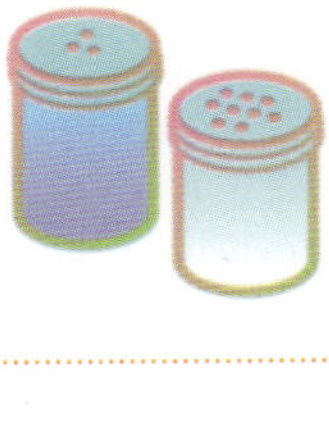

meat
肉2

薄切り肉

**薄切り肉はいろいろな料理に使えるので冷凍して常備しておきたいもの。
使いやすい量に小分けして冷凍するのがポイント。**

こうして冷凍！

1

2〜3等分の長さに切る

2
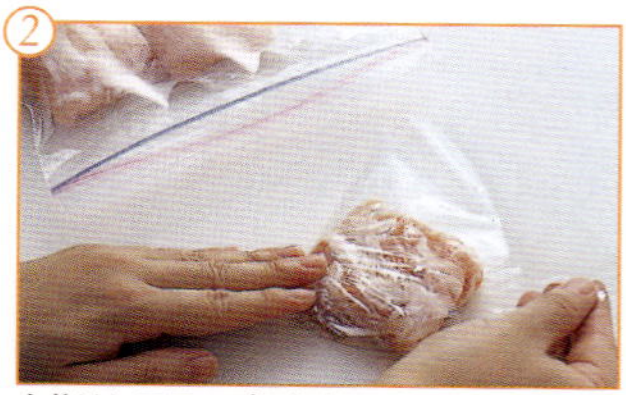
小分けしてラップに包む

冷凍 1

長さを2〜3等分に切る。
一度に使いやすい量に小分けする。

冷凍 2

それぞれをラップに包み、
冷凍用ポリ袋に入れて冷凍。

解凍

ペーパータオルの上に冷凍肉を置く。
ラップをふんわりかけ、
肉100gにつき電子レンジ弱約2分加熱。
半解凍してから調理する。

meat 肉3

牛赤身肉やステーキ肉

赤身肉には脂肪がないので、中の水分が大きな結晶になりやすく、解凍したときにドリッピングが流れ出て味が落ちやすいのが難点。でも下味をつけるテクニックを使えば安心。

こうして冷凍!

ステーキ肉の両面に塗りつける

冷凍

ステーキ肉1枚[100gランプ]の両面に塩小さじ1/4、おろしにんにく小さじ1/2、こしょう少々とサラダ油小さじ1を塗りつける。ラップで包んで冷凍用ポリ袋に入れて冷凍。

解凍

ペーパータオルに冷凍肉を置く。ラップをかけ、電子レンジ弱で約2分加熱で半解凍し、フライパンで焼く。

meat 肉4

レバー

レバーはサラダ油をまぶして冷凍しておくことで味落ちを防ぎます。

こうして冷凍!

①
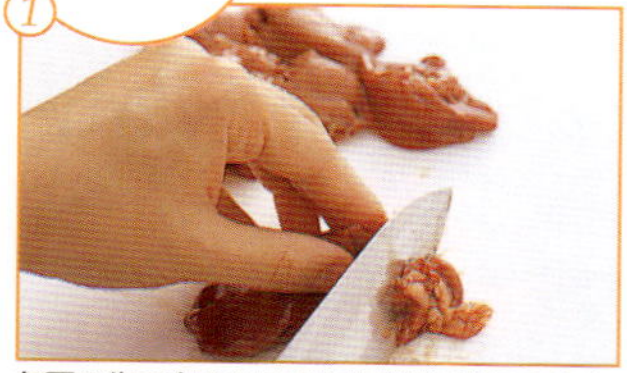
包丁の先で血のかたまりや脂肪、筋をのぞく

②

温度が伝わらないように指先だけでもむ

冷凍 1

レバーは、
縦に切って血のかたまりを包丁の先で除く。
脂肪や筋も除く。

冷凍 2

冷凍用ポリ袋またはふたつき密閉容器に移し、
レバー100gにつきサラダ油小さじ1をまぶし、
なるべく温度が伝わらないように指先でもみ、
口を閉じて冷凍。

解凍

ペーパータオルに冷凍レバーを置く。
ラップをかけて、
100gにつき電子レンジ弱で2分加熱し、
半解凍にしてから調理する。

meat 肉5

鶏肉

**鶏肉は他の肉類に比べて水分が多いので
冷凍・解凍してもふっくらジューシー感が保てます。**

こうして！冷凍！

アルミトレイにのせ急速冷凍

冷凍

1枚ずつならそのまま、
または1枚を8～10等分してラップに包み、
冷凍用ポリ袋に密封。
アルミトレイにのせて、平らにして冷凍。

解凍

ペーパータオルに鶏の皮を上にして置く。
ラップをふんわりかけて、
100gにつき、電子レンジ弱で2分加熱し、
半解凍にしてから調理する。

meat 肉6

スペアリブ、霜降り肉、バラ肉など、脂肪の多い肉

脂肪の多いスペアリブなどは冷凍しても
中の水分が大きな氷の結晶にならず、味落ちしません。

冷凍

スペアリブをラップで包み、
冷凍用ポリ袋に密封して冷凍。

解凍

ペーパータオルに冷凍スペアリブを置く。
ラップをふんわりかけて、100gにつき電子レンジ弱で2分加熱。
半解凍にしてから調理する。

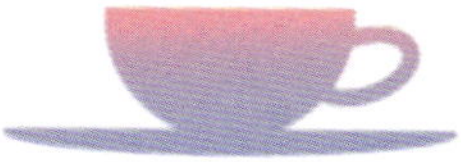

meat 肉7

ソーセージ

脂肪を練りこんでいるソーセージは冷凍むきの食品。
量が多くて使い切れない場合は冷凍しておくのがおすすめ。

冷凍

使いやすい量に分けてラップに包み、
冷凍用ポリ袋に密封して冷凍。

解凍

そのまま調理加熱

凍ったまま焼いたりゆでたりする。
生にもどすときは、ウィンナー2本［30g］につき
電子レンジ弱で1分加熱して半解凍にする。

meat 肉8

ベーコン、ハム[薄切り]

薄切りのベーコンやハムはそのまま冷凍するとくっついてしまいますが、ちょっとしたラップの使い方で防ぐことができます。

こうして冷凍!

1
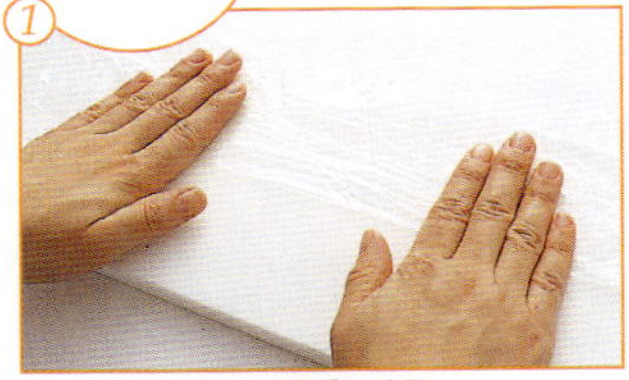
ラップは2つ折りの厚手にする

2

こうして包めばくっつかない

こうして解凍!

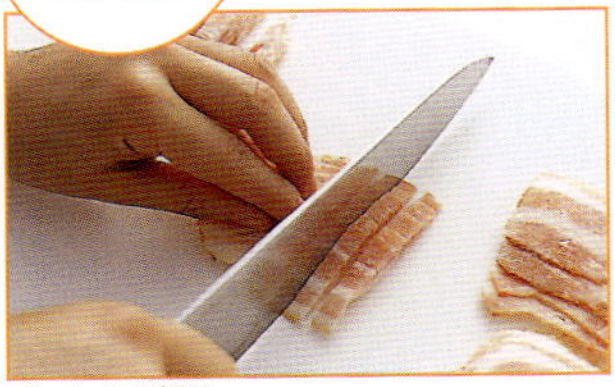
凍ったまま切る

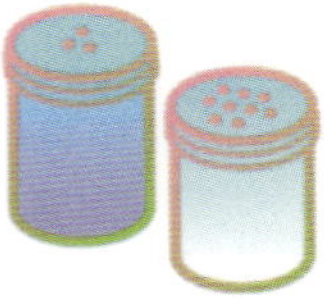

冷凍1

ベーコンは長さを2～3等分し、
ハムは一度に使いやすい分量に分ける。
ラップは冷凍すると破れやすいので、
2つ折りにして厚手にする。

冷凍2

厚手にしたラップに
2～3枚ずつはさんで
アコーディオンカーテンのように包む。
どちらも冷凍用ポリ袋に入れて冷凍。

解凍

そのまま調理加熱

ベーコンもハムも水分が少ないので、
凍ったまま切ることができる。
解凍せず、そのまま焼いたり煮たりする。
サンドイッチ用の生で使うハムは、
ペーパータオルにのせて、
3枚につき電子レンジ弱で
約1分加熱し、半解凍にする。

fish 魚介 1

刺身［まぐろのさく］

**完全に解凍するとうまみが流れ出てしまい、おいしさが半減してしまうので
電子レンジの弱加熱で必ず半解凍に。**

こうして！冷凍！

1
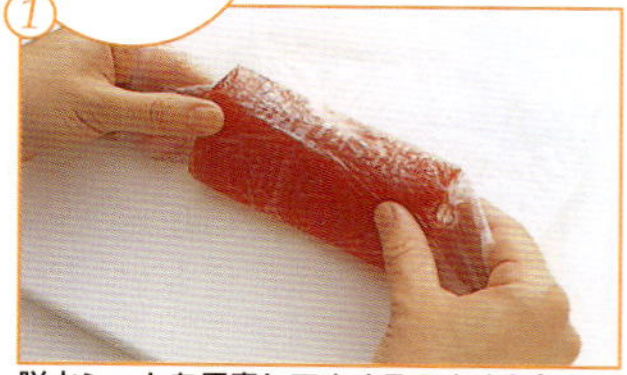
脱水シートを用意してまぐろのさくを包む

2
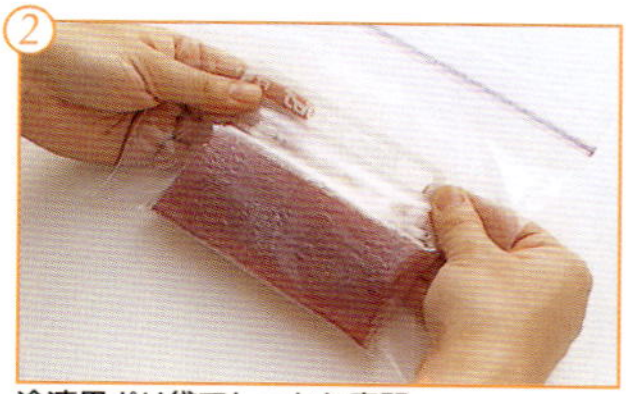
冷凍用ポリ袋でしっかり密閉

3

アルミトレイにのせる

冷凍 1

脱水シートにまぐろのさくをのせて包む。

2

冷凍用ポリ袋に入れて密封。

3

アルミトレイにのせて冷凍。

ひとくち memo

舟盛りの刺身は、つま、わさび、飾りなども一緒に、ラップで包み、冷凍用ポリ袋に密封して冷凍。
まぐろのさくと同様にして、半解凍で器にもりつける。

こうして!解凍!

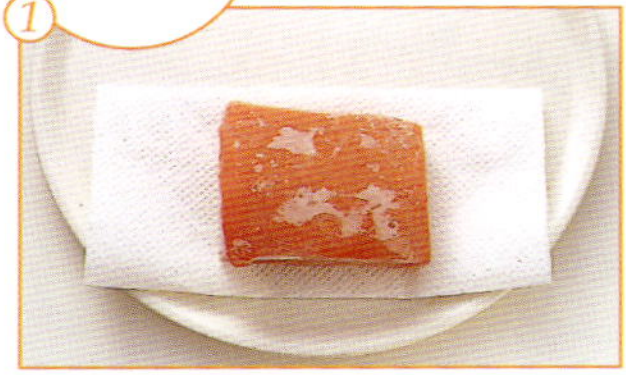
1 2つ折りにしたペーパータオルの上にのせる

2 ラップをふわっとかけて加熱し半解凍に

3 ペーパータオルで水分を除く

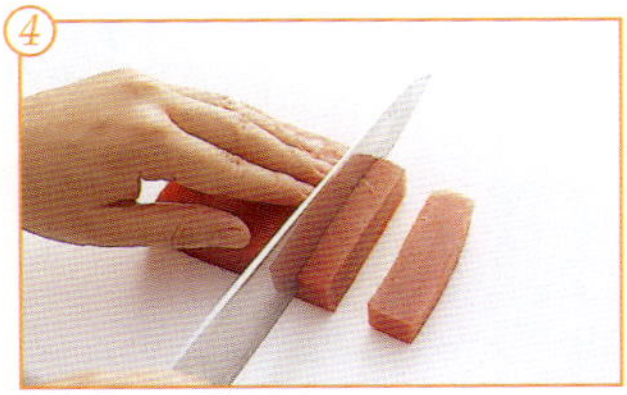
4 幅7～8mmの引き作り

解凍 1

ターンテーブルに2つ折りにした
ペーパータオルをのせて、
脱水シートをはずしたまぐろのさくをのせる。

2

ラップをふわっとかけて、
100gにつき電子レンジ弱で約2分加熱する。

3

半解凍したら、
まわりの水分をペーパータオルで除く。

4

幅7～8mmの引き作りにする。

fish 魚介2

一尾[あじ、いわし、さば、きんめなど]

一尾の魚は内臓を取って下処理をしてから冷凍。
魚をおろしたことのない方も写真の通りにやればだいじょうぶ。

こうして!冷凍!

1

包丁でうろこを取る

2

ぜいごを指先でおさえているところまで取る

3

腹を開いて内臓を取る

4
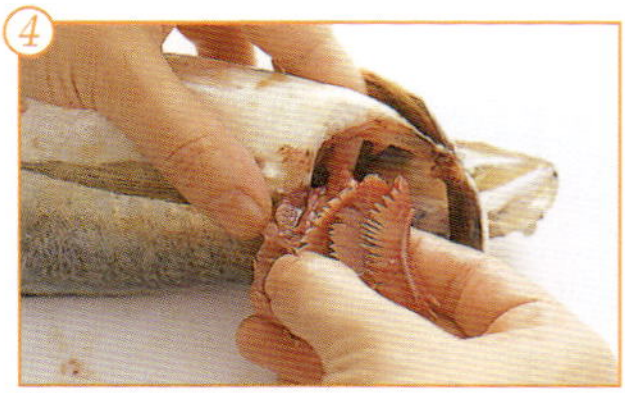
引き出すように取る

冷凍 1

まず、うろこを取る。

2

写真の指先で押さえているところまでぜいごを取る。

3

内臓を取る。

4

エラを取る。

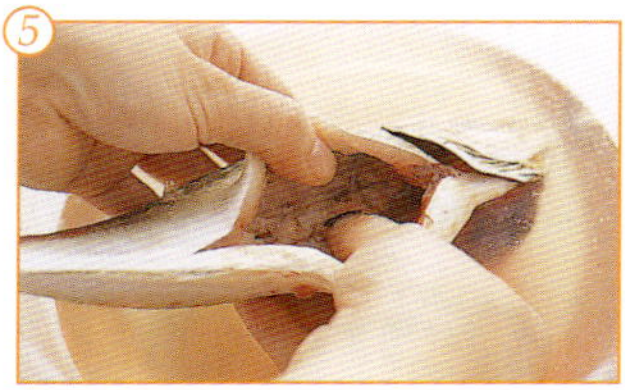

ため水で洗う

5

水で洗う。このとき流水ではなく、
ため水の方が味が落ちない。

ペーパータオルで水分を除く

6

水分をペーパータオルで除く。

脱水シートがなければラップでもOK

7

脱水シートにはさむ。
脱水シートがなければラップにつつむ。

空気を抜いて冷凍

8

冷凍用ポリ袋に入れて冷凍。

解凍

ペーパータオルの上に、
脱水シートをはずして魚をのせる。
ラップをふんわりかけ、
100g［あじなら1尾分］につき、
電子レンジ弱で2分加熱。
半解凍し、煮たり焼いたりする。
3枚おろしにして、酢じめにすることもできる。

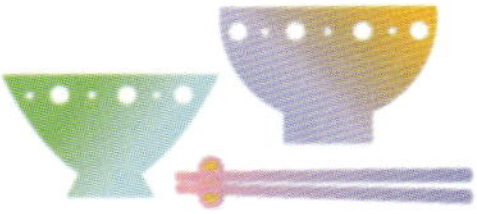

ひとくち memo

鮮度がよければ、内臓もとらずに丸ごと脱水シートまたはラップに包んで冷凍用ポリ袋に。
半解凍して魚をおろすと、血も出ず内臓も固まっているので、らくに取れる。

fish 魚介3

切り身［たら、はまち、かじき、ぶり、さわら、さけなど］

安売りしているときに多めに買って冷凍しておけば朝食、夕食、お弁当にも大助かり。
切り身は脱水シートに包んだらすぐ冷凍がポイント。

冷凍

脱水シートで切り身を包み、冷凍用ポリ袋に入れて密封して冷凍。
ここで注意したいのは、脱水シートに包んだら、すぐ冷凍室へ入れること。
脱水シートに包んで冷凍することで余分な水けやクサミを除くことができますが、
冷蔵したり常温に長時間おくと、干物になってしまいます。

解凍

ペーパータオルに脱水シートをはずした切り身をのせて、
1切れ［100g］につき、電子レンジ弱で約2分加熱し、半解凍にする。

fish 魚介4

貝［あさり、しじみ、はまぐりなど］

新鮮な貝は砂を吐かせて殻つきのまま冷凍。
常備しておけば潮汁や酒蒸し、あさりのスパゲッティがすぐできる。

冷凍

水1カップに塩小さじ1の割合で作った塩水に3時間浸して砂を吐かせる。
殻同士をこすり合わせるようにして水洗いし、汚れを除く。
水けをきって、冷凍用ポリ袋に密封して冷凍。

解凍

そのまま調理加熱

凍ったまま鍋に入れて水を注いで火にかければ「潮汁」。
酒をふりかけて、ふたをして加熱すれば「酒蒸し」に。にんにくとソテーしても美味。

fish
魚介5

えび、いか、たこ

いかはコラーゲンたっぷりの食品。冷凍後の味落ちもありません。えびと同じく、水につけて解凍を。たこはゆでた場合が多いので、100gにつき電子レンジ弱2分加熱で半解凍にして調理します。

冷凍

えびは、1度に使いやすい量［4～6尾］に小分けしてラップに包み、
冷凍用ポリ袋に密封して冷凍。

解凍

流水半解凍

ラップをはずす。水にさらす。3～4分で半解凍状態に。
ここで殻をむくとむきやすい。

ひとくち memo

生のえびやいかの身には、タンパク質分解酵素が含まれているので、解凍が始まった途端に酵素が活性化して、えびの身を分解し始めます。解凍したえびの黒ずみ防止に必ず水にさらすこと。

fish 魚介6

干物［しらすぼし、ちりめんじゃこ］

干物は冷凍して常備しておきたいもの。
しらすぼしや、ちりめんじゃこは小分けして冷凍。

こうして冷凍！

① 間にラップをはさんで

② 空気を抜いて密閉

冷凍1

干物は間にラップをはさむ。しらすぼしなら、
使いやすい分量に小分けしてラップに包む。

冷凍2

冷凍ポリ袋に密封して冷凍。

解凍

そのまま焼いて加熱

冷凍の干物は凍ったまま焼いてOK。
電子レンジで半解凍する手間はいらない。
しらすぼしもちりめんじゃこもそのまま使える。

fish 魚介7

たらこ

たらこや辛子明太子は水分が少ないので、冷凍保存に向く食品。

冷凍

1/2腹ずつに分け、ラップに包む。
いくつかまとめて、冷凍用ポリ袋に密封して冷凍。

解凍

ペーパータオルに冷凍たらこをのせる。ラップをふんわりかけ、
1/2腹［50g］につき、電子レンジ弱40秒。
半解凍して、たてに包丁で切れ目を入れると、薄皮もラクにむける。

vegetable
野菜1

生野菜は冷凍できないというのが、今までのフリージングの常識。
ところが、祥子流では生のまま冷凍OK。
いつも使い残してムダにしてしまう野菜も、最後までおいしく食べられます。

水分が多い野菜

きゅうり、にんじん、大根、キャベツ、白菜など生で食べたいときに。塩もみして、
水けをギュッと絞れば冷凍できます。生野菜100gは塩もみして絞ると50～70gになります。

こうして!冷凍!

塩もみしてぎゅっと絞る

きゅうり

冷凍

幅3mmの輪切りにして、きゅうり1本につき
塩小さじ1/5［1g］をふってもみ、
しんなりしたらキュッと絞る。
ラップに包み、ポリ袋に密封して冷凍。

解凍

自然解凍、またはそのまま調理する。

きゅうりもみ［1人分］

［酢大さじ1、砂糖大さじ1、しょうゆ小さじ1］をボウルに合わせ、
もどして2cm幅に切ったわかめ20g、ちりめんじゃこ大さじ1、
冷凍きゅうり50g［1本分］を加えて混ぜる。あれば、おろししょうがを加える。

大根・にんじん

冷凍

大根は5cm長さ、マッチ棒の太さの細切りにして、大根100gにつき塩小さじ1/5［1g］をふって、しんなりするまでもんでキュッと絞る。ラップに包み、ポリ袋に密封して冷凍。にんじんも同様に。

解凍

そのまま自然解凍。

二色みそなます［1人分］

ボウルにみそ、砂糖、酢各大さじ1を入れて混ぜる。冷凍大根とにんじん各50gを室温で解凍。急ぐときは電子レンジ弱2分加熱。キュッと絞ってボウルに入れ、万能ねぎ小口切り少々をふる。

ひとくち memo

ふろふき大根もポリ袋や密閉容器に移せば冷凍できる。耐熱の器に移しふたまたはラップをして100gにつき、600W電子レンジ3分［500W4分］加熱。解凍しながら温める。

キャベツ、白菜

冷凍

キャベツは太めのせん切りにし、100gにつき塩小さじ1/5［1g］をふる。しんなりしたらキュッと絞って、使いやすい分量に分けてラップに包み、冷凍用ポリ袋に入れて密封して冷凍。

解凍

常温解凍する。

コールスローサラダ［1人分］

ボウルに冷凍キャベツ100gを凍ったまま入れ、あれば冷凍にんじん20g、パセリみじん切り少々に酢とサラダ油各大さじ2、塩小さじ1/3、こしょう少々を加えて混ぜる。2〜3分したら、キャベツは溶ける。

キャベツの温サラダ［1人分］

耐熱ボウルに冷凍キャベツ100g、ベーコン1枚を2cm幅に切ったもの、酢、サラダ油各大さじ2、塩小さじ1/3、こしょう少々を加えて、ふたまたはふんわりラップをして、600W電子レンジ3分［500W4分］加熱する。最後にひと混ぜしてでき上がり。

vegetable 野菜2

水分が少ないもの

ブロッコリー、カリフラワー、ピーマン、アスパラ、オクラ、そらまめ、グリーンピース、生たけのこなど。

まず下ごしらえ

ブロッコリーの茎は皮をむいて2～3つに切る

アスパラの下半分はピーラーで薄くむく

準備

ブロッコリー、カリフラワー

小房に分ける。茎は皮をむいて2～3つに切る。

準備

ピーマン、パプリカ、ししとう

ピーマン、パプリカは種をとり、
使いやすい形に切って、ししとうはへたをとる。

準備

アスパラ

下3cm分切りおとし、
下半分はピーラーで薄くむき、4cm長さに切る。

準備

そらまめ、グリーンピース

さやから出す。

まず
下ごしらえ

オクラのへたの先を切りおとす

先はかたいので取る

最後にへたのまわりのガクをむきとる

準備

オクラ

へたの先を切りおとす。先はかたいので取る。
へたのまわりのガクをくるりとむきとる。

準備

生たけのこ

皮をむいて薄切りにして。

準備

きのこ

しめじ、えのきは石づきを取ってほぐし、
しいたけは石づきを取って薄切りにする。

冷凍

いずれも冷凍用ポリ袋に入れて、
平らにして冷凍室へ。

解凍

凍ったまま調理

凍ったまま、ゆでる、煮る、炒める。

vegetable

野菜3

葉もの
［ほうれん草、小松菜、春菊、みつば、菜の花］

ゆでて冷凍しておけば必要なだけすぐ使えます。

こうして！冷凍！

1

きれいなみどり色にゆでる

2

冷水にとる

3

ラップで蛇腹に区切る

冷凍

1

色よくゆでる。

2

冷水にとって絞る。3cm長さにカットする。

3

密閉容器に並べる。

2つ折りにしたラップで、葉ものを蛇腹状に区切る。

4

ふたをして冷凍室へ。

解凍

ペーパータオルにのせる。ラップをふんわりかける。

100gにつき、600Wまたは500W電子レンジ1分でもとの状態にもどる。

ひとくち memo

忙しかったら生のまま冷凍用ポリ袋に密封して冷凍。冷凍用ポリ袋ごと100gにつき600Wまたは500W電子レンジ2分加熱。冷水にとって絞れば、お浸しに。

レタスも生で冷凍できます。一口大にちぎって冷凍用ポリ袋に入れて冷凍。凍ったままソテーしたり、スープに入れて。

vegetable 野菜4

香味野菜

ちょっとあると便利な香味野菜は、冷凍していつでも使えるように。

しょうが

冷凍

皮ごと洗ってペーパータオルで水けを除き、
使いやすい大きさにポキポキ折って冷凍用ポリ袋に密封して冷凍。

解凍

凍ったまますりおろすと、キメの細かいおろししょうがに。
力の弱い方は、すりおろして冷凍用ポリ袋に平らにしてつめて冷凍しても。
平らなものをポキポキ折って使います。

にんにく

冷凍

皮をむいて冷凍用ポリ袋またはふたつき容器で冷凍。

解凍

必要量をとり出して、2～3分常温に置いて解凍する。
おろす、つぶす、スライスするなど何でもOK。ソテー、煮込み、たれの風味づけに。

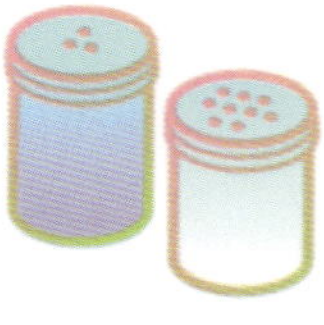

長ねぎ、万能ねぎ

冷凍

小口切りにして冷凍用ポリ袋で冷凍。

解凍

必要量だけとり出して、凍ったまま使用。

汁の薬味や中華炒めの風味づけに。

チャーハンに加えれば、ひと味グーンとアップ。

パセリ

冷凍

洗ってギュッと絞って、ペーパータオルにはさんで水けを十分にとる。

葉だけつみとって冷凍用ポリ袋で冷凍。

解凍

凍ったまま袋の外からもみほぐせば、包丁を使わなくてもみじん切りに。

rise, bread, men
ごはん
パン
麺

どれも炭水化物なのであまったら味落ち防止に急速冷凍するに限ります。
食べたいときにレンジ加熱で炊きたてごはん、ゆでたて麺、
トースター加熱で焼きたてパンにもどります。

1 ごはん

こうして冷凍!

手で形をととのえながらキューブ状にする

冷凍

ごはんの味がもっとも落ちるのは、
−3℃〜10℃の温度帯。
外に放っておいたり、
冷蔵室に入れっぱなしは禁物。
まだ温もりが残っている間に、茶わん1ぱい
[150g] のごはんをラップにのせて、
解凍加熱するとき茶わんに入りやすい
1辺6cmのキューブ状に包む。
冷凍用ポリ袋に入れて、冷めたら冷凍。

解凍

レンジ加熱

冷凍ごはんを茶わんに移し、
ラップをふんわりかけて、
600W電子レンジで
2分30秒 [500W3分] 加熱。
時間が半分経過したら扉をあけて
ラップをとって、はしでごはんをほぐし、
もう1度ラップをして残り時間加熱する。
炊きたての味に。

2パン

冷凍

パンの味がもっとも悪くなるのもごはんと同じ−3℃〜10℃。
いま食べないパンは、すぐ冷凍するのが正解です。
パンに空気を通すセロファン紙の袋でパックされているので、
どんな種類のパンでも冷凍用ポリ袋に入れ替えて冷凍。

解凍

凍ったまま焼く

食パンは凍ったままトースターへ。中はふかふか外側カリッと焼き上がります。
ロールパンやバゲット［8cm長さ（30g）にカット］は、
1個につき電子レンジ弱で約20秒かけて半解凍してから、
オーブントースターでかるく焼くと美味。

3麺

冷凍

ゆで麺もパンやごはんと同じ炭水化物食品。
ゆで残りは即冷凍に。
ゆでたうどん、パスタ、そばなど麺類の
水けをきって、ごはん1ぱい分150gと
同じカロリーの200gずつに小分け。
冷凍用ポリ袋に移し、
空気を抜きながら口を閉じて冷凍。

解凍

レンジ加熱

冷凍うどんの入ったポリ袋の口を少しあけ、
ターンテーブルにのせる。600W電子レンジで
2分30秒［500W3分］加熱。
ゆでたての麺にもどる。

ポリ袋の口を少しあけて電子レンジ加熱する

あまった
お惣菜 市販品
amatta osouzai *sihanhin*
1

ミートソース、カレー、シチュー

少量ずつ作るよりまとめ作りが向いているミートソースやカレー。
生クリームの紙パックに入れて冷凍すれば、そのまま電子レンジで加熱できるのでとっても便利！

こうして！冷凍！

粘着テープできっちりとめる

こうして！解凍！

ターンテーブルの端に置く

冷凍

冷ましてから、200ml［1カップ］ずつ、
生クリームや紙パックなどを
再利用して小分けして、
口を閉めたら粘着テープでとめる。
中身がわかるように、
表に油性ペンで明記したラベルを貼って。

解凍

レンジ加熱

紙パックの口をあけ、
ふんわりラップをかけて200mlにつき
600W電子レンジ4分［500W5分］加熱。
途中で中身を混ぜるとベター。
耐熱の器に入れて加熱する場合は、
紙パックのときより1分多く加熱する。

あまったお惣菜 市販品 2

焼きぎょうざ、しゅうまい、包子

冷凍した焼きぎょうざをぱりっと仕上げるにはラップなしで加熱。
しゅうまい、包子はラップありで。

冷凍

それぞれ使いやすい量に小分けしてラップで包む。

冷凍用ポリ袋に入れて、空気を抜いて口を閉じて冷凍。

解凍

レンジ加熱

焼きぎょうざ

電子レンジにかけられる皿にペーパータオルをしき、

ぎょうざを焼き目を上にして並べる。逆さにすると皮がべたつきます。

ラップはしないで100gにつき、600W電子レンジで

2分［500W2分30秒］加熱。

解凍

レンジ加熱

しゅうまい

水にどっぷりくぐらせて器に並べ、ふたまたはラップをして、

100gにつき600W電子レンジ2分［500W2分30秒］加熱。

解凍

レンジ加熱

包子

冷凍包子1個［70g］を水でどっぷり濡らして器にのせ、ふたまたはラップをかけて、

600W電子レンジで1分［500W1分30秒］加熱する。

包子の大きさに合わせて加熱時間は増減します。

あまった お惣菜 市販品 3

ソテーしたもの［ハンバーグ］

ハンバーグは余分な油を除いてから冷凍。加熱するときは必ず重量をはかって。

冷凍

焼いたハンバーグは冷まして、ペーパータオルにはさんで余分な油を除く。
1個ずつラップにつつんで冷凍用ポリ袋に密封して冷凍。

解凍

レンジ加熱

器に2つ折りにしたペーパータオルをしき、冷凍ハンバーグをのせる。
ふたもラップもしないで100gにつき600W電子レンジで2分［500W2分30秒］加熱。冷凍ハンバーグ1個につき○分と書きたいのですが、これほどサイズがマチマチな食品も珍しいです。必ず重量をはかって下さい。

あまった お惣菜 市販品 4

揚げ物［とんカツ、天ぷら、フライ、コロッケ、春巻き］

揚げ物も余分な油を除いてから冷凍。加熱するときはラップなしで。

冷凍

ペーパータオルにはさんで余分な油を除き、使いやすい分量に小分けしてラップで包み、冷凍用ポリ袋に密封して冷凍。

解凍

レンジ加熱

ターンテーブルに2つ折りにした
ペーパータオルをしき、
冷凍のとんカツや天ぷらをのせる。
ふたもラップもしないで、100gにつき
600W電子レンジで2分［500W2分30秒］加熱。

こうして！解凍！

ふたもラップもしないで加熱

あまったお惣菜 市販品 5

おふくろの味の煮物［ひじき、切り干し、筑前煮、五目豆］

たくさん作ったときに冷凍しておけば、いつでもおふくろの味が食べられる。

冷凍

冷凍用ポリ袋で冷凍しても必要量だけ取り出せるが、アルミカップに小分けして冷凍すれば、弁当箱にそのまま移し入れるだけで、昼ごろには自然解凍できて便利。

解凍

レンジ加熱

急いで解凍したいときは、ひじきなどを器に移し、
100gにつきパサつき防止に水大さじ1を加え、ふたまたはラップをして、
600W電子レンジで2分［500W2分30秒］加熱。

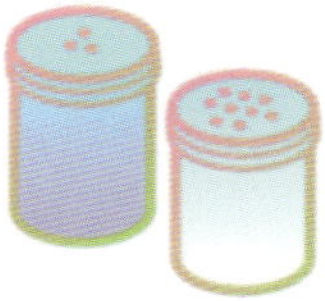

あまったお惣菜 市販品 6

漬けもの［粕漬け、みそ漬け、たまり漬け、塩漬け、甘酢漬け、たくあんなど］

1回に食べる量はほんとに少量。でも無ければさみしいのが漬けもの。
冷凍保存して食べたい分だけ出せばムダになりません。

冷凍

みそ漬け、たまり漬け、塩漬け、粕漬けなどを一口大に切ったり刻んだりして、小さなアルミケースに入れて、ひとつの密閉容器で冷凍。

解凍

レンジ加熱

漬けものは塩気がある、水分が少ないということで、カチカチには凍りません。
必要量だけ取り分けて、器にもりつけます。

あまったお惣菜　市販品　7

納豆、油揚げ、厚揚げ

納豆は冷凍にむく食品。凍った状態なら粘りもないので包丁で切るのもらくらく。
冷凍した油揚げは電子レンジ加熱で油抜きも同時にできます。

納豆

冷凍

パックごと冷凍するので、ミニサイズのものが便利。

解凍

そのまま自然解凍

小粒のものほど室温での解凍時間が短くてすむ。

油揚げ

冷凍

余分な油を吸わせるために、ペーパータオルに包んで、
冷凍用ポリ袋に密封して冷凍。

解凍

水でぬらしたペーパータオルにはさみ、ターンテーブルにのせ、
冷凍油揚げ1枚［15g］につき、600W電子レンジで30秒
［500W40秒］加熱。油抜きも同時にできます。

厚揚げ

冷凍

ペーパータオルに包んで余分な水分や油を除き、ラップで包み、
冷凍用ポリ袋に密閉して冷凍。

解凍

水でぬらしたペーパータオルに包み、器にのせ、
100gにつき600W電子レンジで2分［500W2分30秒］加熱。
豆腐の冷凍と同じで、少々“ス”がたった状態になる。

あまった お惣菜 市販品 8

ケーキ•和菓子

**ケーキや和菓子も冷凍できます。食べきれなかったものはすぐ冷凍してしまいましょう。
解凍は常温で。**

冷凍

形がくずれないように、密閉容器にぴったり入れて、ふたをしめて冷凍。

解凍

必要な分だけとり出して器にのせ常温において解凍するのが
クリームが溶けたりする心配もなく一番安心な方法。
とても急ぐときは、器にのせて、
ふたもラップもせず、1個［40〜50g］につき電子レンジ弱で40〜50秒加熱。
半解凍でストップするのがベスト。

その他、冷凍できる食品

**あまったヨーグルトやチーズなどの乳製品も冷凍してムダなく使いきりましょう。
フルーツを冷凍しておけばビタミンたっぷりのスムージーがあっという間!**

1 乳製品

ヨーグルト、バター、チーズはそのまま冷凍。いずれも自然解凍で。
ヨーグルトは凍ったまま食べればフローズンヨーグルト。
解凍して混ぜれば、カッテージチーズ風。
生クリームが残ったときは、かたく泡立てて冷凍用ポリ袋に。
ポタージュやホワイトソースに、
冷凍クリームを直接加えて溶かせばリッチな味に。
自然解凍してもう一度泡立てれば、キメの細かいホイップクリームになります。

2 フルーツ

いちご、バナナ、メロン、キウイ、オレンジ、グレープフルーツなどは原則として、
皮やへたを除いて果肉だけにして、冷凍用ポリ袋に密封して冷凍。
冷凍フルーツをフルーティな氷と考えて、
牛乳、砂糖と一緒にミキサーにかければ、あっという間にスムージーのでき上がり。
冷凍フルーツの重量の20%の砂糖を加えて、
電子レンジにかければ、生ジャムができます。

3 凍らない食品も冷凍室で鮮度をキープ

調味料

みそ、しょうゆ、ソース、焼き肉のタレ、はちみつ、トマトケチャップなど。

スパイス、ハーブ

ペパーミント、バジル、ローリエなどの乾燥ハーブや
粉山椒、七味唐辛子、実山椒、柚子胡椒、豆板醤などの香辛料など。

乾物

干ししいたけ、干したけのこ、干しぜんまい、のり、削り節、昆布

茶、コーヒー

煎茶、紅茶、抹茶、コーヒー豆［ひいたものも含む］

冷凍できない食品、できても冷凍することで解凍後の様子がちがってしまうもの

**すべてが冷凍できる食品とは限りません。
ここでは冷凍できない食品をしっかりマスターしておきましょう。**

1……生デンプン系で水分が多い食品

生のじゃがいもやさつまいも、里いもなど。
ただし、急速冷凍室がついていれば、ゆでた粉吹きいもや焼きいも、
里いものうま煮など、冷凍できます。
生デンプン食品でも、生食できる山いも、長いもなどのトロロいも系はOKです。

2……食物繊維だらけで水分の多い食品

しらたき、こんにゃく、ところてん、ゆでたけのこ、
ゼリー、寒天で作った寄せものや菓子。
ただし練って水分が減っている羊羹や、
乾燥品のしいたけ、ぜんまい、切り干し大根、昆布、かつお節などはOK。

3……タンパク質と水分がメインの脂肪がない食品

かまぼこ、豆腐、プリン、シューなどのカスタードクリームのケーキ。
ただし、生クリームをたっぷり加えたカスタードクリームなら冷凍OK。

＊*1*、*2*、*3*のどこにもあてはまりませんが、マヨネーズも冷凍できません。

冷凍することで解凍後の様子がちがってしまう性質を利用する

**冷凍したらまったく様子がちがうものになっていた! ということはありませんか?
逆にその性質を利用して簡単においしい1品ができる裏技を紹介します。**

1……こんにゃく

こんにゃくの成分は不溶性食物繊維と水ですが、
冷凍すると氷ができて解凍したとき細かい穴があき、スポンジができあがります。
赤ちゃんの産湯用や女性の洗顔用に使われてきたものです。
ゆでてアクを抜き、ごま油で炒め、しょうゆと削りかつおで調味すると、
生こんにゃくで作るよりおいしいといわれる
凍みごんにゃくの“いり煮”ができます。

2……豆腐

豆腐は日持ちの悪さでは王様クラス。
すぐ食べないとわかったらパックごと冷凍を。
必要に応じて、1丁[300g]を600W電子レンジで6分[500g7分]加熱。
水分が完全に分離して、あつあつの高野豆腐状になります。
泡立て器で細かくつぶしてざるに上げれば、いり豆腐や白和えに使えます。

3……卵黄

卵黄の冷凍はタブーとされてきましたが自然解凍してしょうゆをかけて食べると
ねっとりとした舌ざわりが温泉卵の卵黄のよう。
酒の肴にもいいし、ごはんのおかずにもgood。冷凍卵黄をみそ漬けにすると珍味。
卵白だけ使って卵黄が残ったときは、ぜひ試してみて。

4……かまぼこ

かまぼこの網の目状に穴があくので、冷凍不可能とされてきましたが、
板からはずして薄切りにし、ラップを間にはさみながら重ねて
冷凍用ポリ袋で冷凍。凍ったまま汁の具や和えもの、卵とじに。
そのまま酒の肴にしてもシコシコ感がでておいしい。

ちょっとした *I D E A* 1

冷凍冷蔵庫の整理整頓

冷凍冷蔵庫は食品を保存するための器具ですが、
物置のように何でもつっこめばよいというものではありません。
めったに口にしない珍味などは新鮮なうちにさっさと食べて、
毎日の食事に必要な食品を入れる器具に徹したほうが効率よく使えます。
冷蔵庫なら上段は今日食べるものを置く棚にして、
準備をすませた夕飯のおかずやデザートなどを。
2段目は明日の棚。弁当のおかずの材料やフライ用に塩をふったあじなどを。
3段目の棚は野菜たっぷりマリネ、切り干し大根のいり煮など常備野菜用に。
4段目はチルド室になっていることが多いようですが、
魚や肉、ハム、ベーコン、干物、油揚げなど2～3日以内に使い切る予定の生食材用に。
冷凍冷蔵庫も収納にルールを作ると、家族も自発的にキッチンに参加しやすくなります。
万能ねぎ、みつば、塩わかめなどはきざんでふたつきミニ容器で、
昆布、干ししいたけ、干しえびなどはそれぞれびんに入れて水を口まで注ぎ、
ドアポケットにストックしておくと本物の薬味やだしがすぐ使えて便利です。

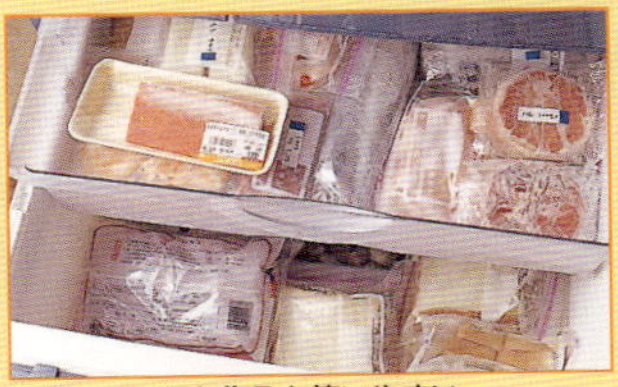

収納にルールを作ると使いやすい

ちょっとした *I D E A* 2

冷凍庫の中のにおいが気になるとき

粉末の食品はにおい移りしやすいので、
香辛料、茶、コーヒーなどは、しっかり密封して冷凍すること。
この性質を逆利用して、重曹を1びん、
ふたを開けたまま冷凍庫に入れておけば、脱臭剤代わりになります。

ちょっとした IDEA 3

冷凍・解凍に便利なアイディアグッズ

生クリームの空きパック

生クリームや1人分牛乳の空きパックの容量は200～250mlですが、
洗って乾かしてとっておくと1人分の冷凍容器として便利です。
ミートソースやカレー、チャウダー、豚汁など汁物をつめて口を粘着テープでとめて冷凍。
パックの口を開いてラップをかぶせ、600W電子レンジで
6分500W7分を目安に加熱すると、温かいカレーや豚汁が食べられます。
ただし、内部がアルミコーティングのパックは電子レンジには使えません。

500mlや1000mlの牛乳パック

洗って乾かした牛乳パックに水を注いで口はガムテープでとめて冷凍します。
500gや1000gの柱状の氷ができます。
パッケージを破いて取り出し、ピックで割るとかち割り氷のでき上がり。
紙パックは熱伝導が悪く、ゆっくり凍るので透明な氷ができます。
オンザロックやアイスティに浮かべるとひと味ちがいます。
家族が高熱を出したときも、氷があると冷やすことができます。
発泡スチロール箱に食品をつめるときに使うと、保冷剤代わりにもなります。
また、冷凍容器に使うわけではありませんが、
洗って乾かした牛乳パックをドアポケットの棚の高さに切りとって、
食品の整理箱に使うと便利。
冷蔵室ならレモンやかぼすなどの柑橘系、
ちょっとあれば助かるしょうがやにんにくを皮付きのまま入れておく、
コロコロ倒れて行方不明になりがちな
わさび、辛子、にんにくなどのチューブ入り香辛料も
1ボックスにまとめておくと一目瞭然です。

Murakami Sachiko

F r e e z i n g

ムダなく、簡単、おいしいレシピ集

毎日食べたくなる和風のおかずから、カロリー控えめのデザートまで、
冷凍・解凍のテクニックを使って、
おいしく簡単にできるメニュー26品。

スペアリブは凍ったまま煮込んで…

スペアリブの甘酢煮

423kcal●塩分*1.6g*

材料

[2人分]

スペアリブ[冷凍]●300g
A 長ねぎ●10cm
しょうが●1/2かけ
→たたく
にんにく●1かけ
→たたく
B しょうゆ●大さじ2
酒●大さじ2
砂糖●大さじ2
ごま油●大さじ1
C 長ねぎ●5cm
→みじん切り
しょうが[薄切り]●2枚
→みじん切り
にんにく●1かけ
→みじん切り
D 酢●大さじ4
砂糖● 大さじ3
しょうゆ●大さじ1
ゆで汁●大さじ2
長ねぎ[みじん切り]●少々
サラダ菜●適量

1

2

作り方

解凍

1

鍋に*A*と*B*を入れ、
冷凍のスペアリブを加え、
水をひたひたまで注ぎ、火にかける。
煮立ったらアクを引き、30分ゆでる。
ゆで汁は別にとっておく。

2

ごま油で*C*をソテーし、
ゆでたスペアリブの水分を
ペーパーでとって加え
焼き色をつける。
*D*を加え、強火でからめるように
煮つめ、汁がなくなったら
火をとめる。

3

器にもり、サラダ菜をしいて、
ねぎのみじん切りを散らす。

冷凍でフレッシュ感を、解凍でうまさを再現

上等ステーキ

248kcal●塩分1.8g

材料

［2人分］

牛肉［ランプステーキ用100g・冷凍・下味付※P11参照］●2枚
サラダ油●大さじ1

ソース

A ドミグラスソース［缶］●大さじ4
赤ワインまたは酒●大さじ2
トマトケチャップ●大さじ1

サラダ菜●2〜4枚
赤ピーマン●1個
→幅2cmの短冊切り

①

②

作り方

解凍

1

ターンテーブルにペーパータオルをしき、冷凍牛肉をおく。
ラップをかけ、電子レンジ弱で4分加熱し半解凍する。

2

フライパンを中火で温め、サラダ油を入れ、牛肉を、表になるほうを下にして並べ、ときどきはしやフライ返しでもち上げて、牛肉の下に油がいくようにしながら強火で30秒ほど焼き、中火にしてさらに1分間ほど焼く。

3

肉に焼き色がついたら上下を返し、中火で1分間焼く。
ここで火を止めればレア。
弱火で1分間焼くとミディアム。
弱火で2分間焼くと、ウェルダンの仕上がり。

4

器に3を盛り、サラダ菜、赤ピーマンを添え、Aを温めたソースをかける。

外から急いで帰ってきて、とにかく冷凍まぐろが刺身にもどってくれたら大助かり。

ごちそうお刺身

142kcal●塩分*1.0g*

材料

[2人分]

まぐろ[冷凍]●1パック(200g)

薬味

青しそ●2枚
みょうが●2本
しょうゆ●適量
かぼす●1個
わさび●少々
きゅうり●5cm

作り方

1

みょうがは、たて2等分。
切り口を下にして、たてに薄切り。
冷水に放し、手でもんで混ぜほぐし、
ざるへあける。

解凍 2

ターンテーブルにペーパータオルを
2つ折りにしてしき、
冷凍まぐろをのせ、ふんわりラップ。
電子レンジ弱で4分加熱。
幅1cmの引き作りにする。

3

器にみょうがをもり、
青しそをたてかけ、
2のまぐろの刺身をもる。
きゅうりは2つに切る。
練りわさびはきゅうりの上にのせ、
2つに切って切り口にV字カットを
つけたかぼすをそえて。
いただくときは、しょうゆで。

冷凍あじはクサミなしのすっきり味

あじの煮付け

171kcal●塩分1.3g

材料

［2人分］

あじ［内臓、ぜいごなど除いたもの・冷凍※P18参照］●中2尾

A しょうゆ●大さじ2

酒●大さじ2

砂糖●大さじ2

春菊●1ワ(200g)

②

③

作り方

解凍 1

ターンテーブルにペーパータオルをしき、あじを向かい合わせにおき、ラップをかける。
電子レンジ弱で4分加熱。

2

半解凍のあじの身に火が早く通るように、たてに10cm長さに切りこみを入れる。
フライパンに*A*を入れ、もりつけたとき上になるほうを上にして、頭を左、腹を手前にしてあじを入れ、水をひたひたまで注ぎ、強火にかける。

3

煮立ったら熱い煮汁をスプーンですくい、あじの全体に回しかけて、皮の表面を熱い煮汁でちぢませる。
煮汁がまんべんなく回るように、4つ角を折り真ん中に穴をあけたアルミホイルでふたをして、強火で12分くらい煮汁が細かい泡だらけになるまで煮る。

＊魚の煮つけは、汁をかけながら煮つめる。
＊魚はくずれやすいので返さない。

4

魚が煮上がったら、フライ返しですくって器にもりつける。
鍋に残った煮汁に春菊を加えて、強火ではしで混ぜながらしんなりするまで煮て、魚のそばに添える。

冷凍しながら漬けこみ完了

豚肉のみそ漬け焼き

337kcal●塩分1.3g

材料

[2人分]

豚肉[とんカツ用]
●2枚(200g)

合わせみそ

A みそ●50g
牛乳●大さじ1
砂糖●大さじ1
大根●150g→おろす
万能ねぎ[小口切り]●少々
レモン[くし型切り]
●2切れ

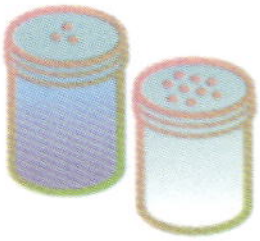

作り方

1

豚肉をペーパータオルにはさんで、
表面の水分をふきとる。

冷凍 2

オーブンペーパーに大さじ1杯分の
合わせみそをぬり、
その上に豚肉を1枚のせる。
その豚肉の上に大さじ1杯分の
合わせみそをのせ、
オーブンペーパーでつつむ。
残りも同じようにして
密閉袋に平らに並べ、
金属製のトレイにのせ、
一晩以上冷凍する。

解凍 3

フライパンに凍った豚肉を
ペーパーでつつんだままのせ、
両面を中火で1分ずつ焼く。
そのあとオーブンペーパーごと
耐熱皿に移し、
2枚につき600Wレンジ6分
[500W8分] 加熱する。

4

器にもり、
レモンと万能ねぎをふった
大根おろしをそえる。

豚肉や切り身魚にもあう、さっぱり梅風味焼き

鶏肉の梅じょうゆ焼き

329kcal●塩分2.2g

材料

[2人分]

鶏もも肉●1枚(300g)

梅じょうゆ

しょうゆ●大さじ2
梅干し●1個
あんず[缶]●4個
甘酢しょうが●少々
すだち[薄切り]●1枚

1
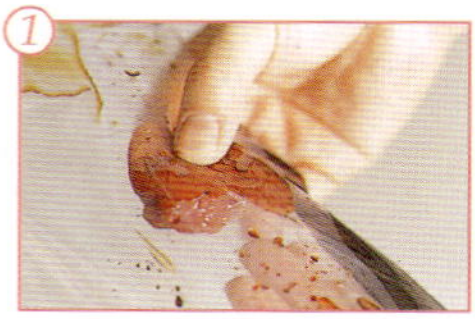

3

3
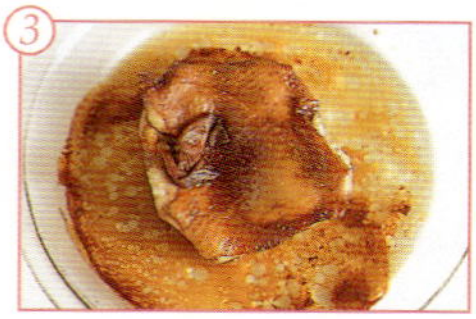

作り方

1

冷凍用ポリ袋に
しょうゆと梅干しを入れ、
袋の外から手で梅肉を
つぶすようによくもむ。

冷凍 2

鶏肉の表面の水分をよくふき、
*1*の袋に入れる。
空気を出して袋をとじ、
金属製のトレイにのせて
一晩以上冷凍する。

解凍 3

袋より出して耐熱皿に移し、
皮を下にしておき、ラップをかけ、
600W電子レンジ4分
[500W5分]加熱。
ラップをとり、上下を返して
もう1度4分[500W5分]加熱する。
最後の写真くらいの
焼き色がつけばO.K。

4

器にもり、甘酢しょうがやあんず、
薄く切ったすだちをそえる。

生では失敗しがちな皮むきも、半解凍なら簡単

さばの昆布じめ

219kcal●塩分1.0g

材料

[4人分]

さば[3枚におろしたもの]
●2枚(350g)
塩●大さじ1
酢●大さじ4
昆布●5cm角1枚
大根●5cm分→せん切り
青しそ●4枚
しょうが●1/2かけ
→せん切り
しょうゆ●適量

1

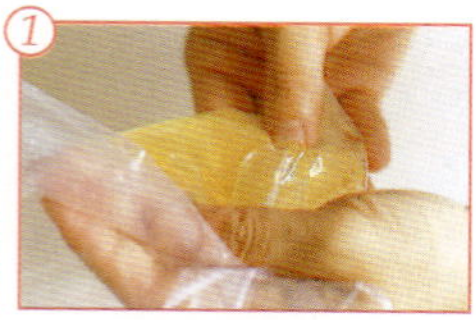

1

3

作り方

冷凍 1

塩と酢を冷凍用ポリ袋に入れて、
塩を溶かし、昆布とさばを加え、
酢をいきわたらせて
空気を抜いて口を閉じ、
バットにのせて冷凍庫に入れる。

解凍 2

フリーザーから冷凍さばを出して
ペーパータオルにはさんで酢をとる。
ターンテーブルに2つ折りにした
ペーパータオルをしき、
さばをのせ、ラップを軽くかけ、
半身1枚につき電子レンジ弱で
1分加熱し半解凍する。
頭のついていた方から薄皮をはがし、
ひと息に尾までむいて除く。

3

身の中央の血合いの小骨を
毛抜きで除き、引き作りにする。

4

大根と青しそとしょうがと器にもり、
しょうゆをそえる。

戸外で干せなくても、冷凍庫でできる

自家製のあじの生干し

140kcal●塩分*2.4g*

材料

［2人分］

あじ●中2尾
塩●小さじ1/2
酢●少々
他に、きゅうり●1本
→拍子木切り
かいわれ菜●適量
柚子胡椒●少々
しょうゆ●適量

1
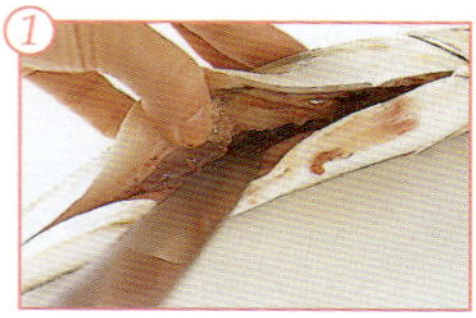

2
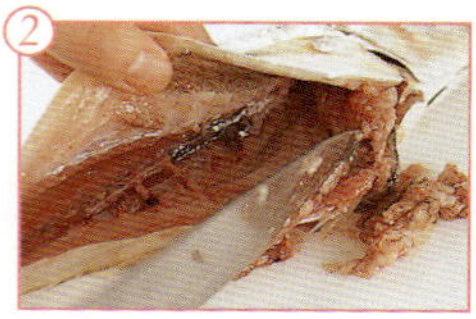

2
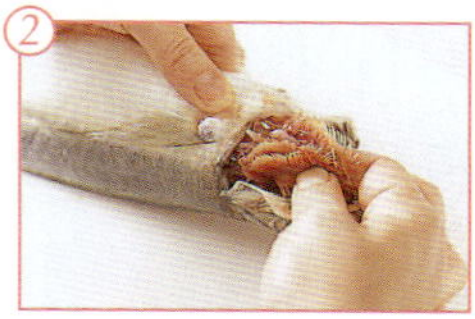

2
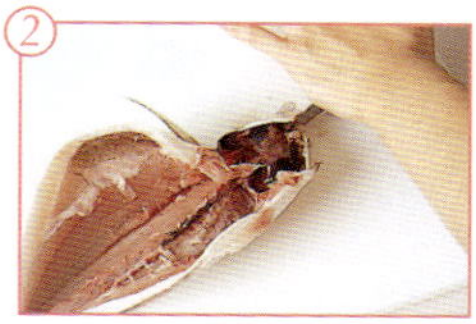

作り方

1

あじは、頭を上に腹を右側におき、
胸びれの下から腹に包丁の刃先を
入れ、しりの穴まで切り裂く。

2

包丁の刃先を切れ目に入れ、内臓を
かき出し、洗って水けをふきとる。
えらをとり、魚の頭をあごの
ところから2つに割り、
背骨にそって包丁を入れ
身を切り開く。

冷凍 3

塩をふり、10分おき、でた水けは
ペーパータオルでとってから
脱水シートにはさみ、
冷凍用ポリ袋には入れないで
冷凍庫に一晩おく。
これで生干しのでき上がり。
でき上がったら脱水シートに
はさんだまま冷凍用ポリ袋に入れて
冷凍すると、1カ月は保存できる。

解凍 4

あじの皮に酢を刷毛でぬり、
焼きあみでじっくり焼く。
皿に移し、きゅうり、かいわれ菜、
柚子胡椒などをそえる。
しょうゆは好みで。

しつこいさんまがつややかに

さんまの梅煮

289kcal●塩分2.2g

材料

[2人分]

さんま[冷凍]
●2尾(正味量で200g)
長ねぎ●1本
A しょうゆ●大さじ2
砂糖●大さじ2
酒●大さじ2
梅干し●1個
昆布[5×5cm]
●1枚→細切り

1

3

作り方

解凍 1

さんまは、ペーパータオルの上にのせ、ふんわりとラップをかけ、電子レンジ弱で4分加熱し、半解凍する。頭と尾をおとし、4等分に筒切りにする。

2

耐熱ボウルにAを合わせて1を入れてからませる。

3

2〜3cm長さのぶつ切りにした長ねぎ、梅干し、昆布を加えざっと混ぜる。

4

ふたをして、600W電子レンジで7分[500W8分]加熱。ふたをとってゴムべらで全体を混ぜ、粗熱がとれるまでおき、味をなじませる。

身はフライ、骨はから揚げで2つのおいしさ

いわしのフライ

329kcal●塩分1.8g

材料

［2人分］

いわし
●中2尾（約200g）
塩●少々
こしょう●少々
小麦粉●適量
とき卵●適量
パン粉●適量
揚げ油●適量
レタス●2枚
パセリ●適量

ソース

A マヨネーズ●大さじ1
ケチャップ●大さじ1
牛乳 ●大さじ1

1

1
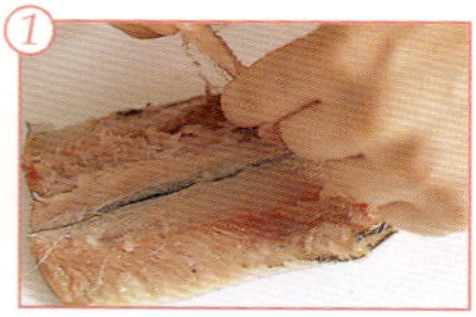

作り方

冷凍 1

いわしは、骨にそって包丁を入れ、
1枚に開く。中骨は除く。
脱水シートにはさみ、
冷凍用ポリ袋に入れて冷凍しておく。

2

レタスは、一口大に手でちぎり、
水に放し、パリッとしたら
ざるへ上げる。
Aを合わせておく。
いわしは、両面に塩、こしょうをふり、
小麦粉、とき卵、パン粉の順に
つけて余分はおとす。

解凍 3

フライパンに揚げ油を底から1.5cm
深さほど入れて中温に温める。
いわしを入れて、強火で約1分30秒
揚げる。揚げ油の泡が大きくなり、
下側がきつね色になり、
いわしが浮かんできたら裏返す。
中火であと2分間揚げて油をきる。
残ったいわしの骨も5～6分揚げる。

4

器にフライをのせ、
レタスとパセリをそえる。
Aのソースをかけて食べる。

イキのよいあじを下ごしらえして冷凍しておけば、毎日の料理もスピードアップ

あじのムニエル

208kcal●塩分1.0g

材料

［2人分］

あじ●2尾
塩、こしょう●各少々
小麦粉●小さじ1
サラダ油●大さじ1
バター●小さじ2
レモン●1個→皮は細切り。果肉はみじん切り
万能ねぎ［小口切り］●適量

1
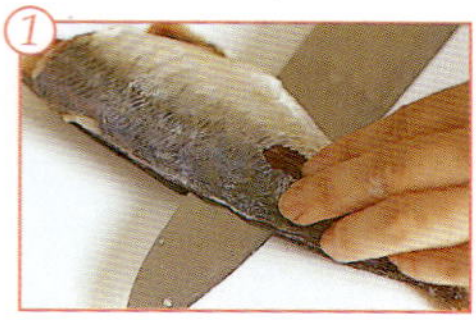

1

1
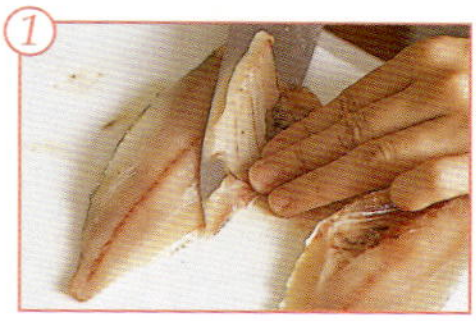

1
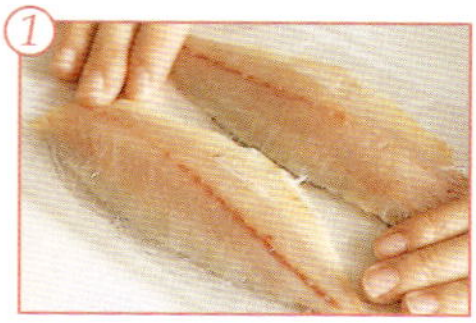

4

作り方

冷凍 1

あじは、頭、内臓、ぜいごを除いて3枚におろし、腹骨をすきとる。脱水シートにはさみ、冷凍用ポリ袋に入れて冷凍しておく。

2

あじは、凍ったまま塩、こしょうをふり、小麦粉をまぶす。

解凍 3

フライパンを温め、サラダ油を流して2を入れて、弱火で両面2分ずつふたをしてじっくり焼き、いい香りがたってきつね色になったら火をとめ、器にもる。

4

フライパンに湯をかけてさっと洗って、ペーパーでふいて火にもどし、バターを茶色くなるまで溶かし、レモンの果肉を加えて火をとめ、あじにかける。万能ねぎの小口切りを散らす。

ドミグラスソースで炒めたピラフにトマトのオムレツをのせて

オムライス

552kcal●塩分*1.7g*

材料

［2人分］

ごはん［冷凍］
●茶わん2はい（300g）
玉ねぎ●1/4個
→みじん切り
サラダ油●大さじ1
A ドミグラスソース［缶］
　●大さじ2
　塩●少々
　こしょう●少々
卵●2個
塩●少々
こしょう●少々
バター●大さじ2
プチトマト●1個
→みじん切り
パセリ［みじん切り］●少々

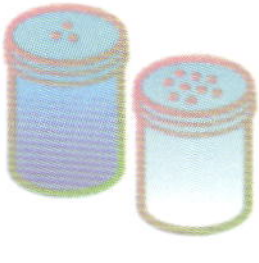

①

③

作り方

解凍 *1*

冷凍ごはんは、耐熱ボウルに移し、
ふたまたはラップをして
600W電子レンジ5分［500W 6分］
加熱し、ほぐしておく。

2

玉ねぎをサラダ油で炒め*1*を加え、
*A*で調味して火をとめる。
皿2枚に等分にのせる。

3

卵に塩、こしょうをして
溶きほぐし、バター大さじ1ほどを
ちぎって加える。
フライパンを温め、
残りのバターも加えて溶かし、
卵を加えてはしでかき混ぜながら
半熟状にする。

4

*2*の上に*3*をのせ、
プチトマトをかざり、
パセリをふる。

黒いごはんをおかずに白いごはんを食べるユニークさ

白黒ごはん

284kcal●塩分*1.4g*

材料

[2人分]

黒ごはん

ごはん●茶わん1ぱい
ごま油●大さじ1
赤唐辛子●1本
→種を出して斜め切り
塩●少々
こしょう●少々
しょうゆ●大さじ1

白ごはん

ごはん●茶わん1ぱい

1

2

作り方

1

フライパンか中華鍋を温め、
ごま油を入れ、
ごはんと赤唐辛子を炒める。
ごはんが熱くなったら、
塩、こしょう、しょうゆで調味し、
火をとめる。

2

茶わんにアツアツの白ご飯をもり、
1の黒ごはんをのせて食べる。

冷凍のとんカツがあれば、ボリューム弁当もあっという間

カツ煮べんとう

945kcal●塩分4.4g

材料

[1人分]

ごはん[温かいもの]
●200g
とんカツ[冷凍]●1枚
玉ねぎ●1/4個
→くし型切り
みつば●4本
→3cm長さに切る
A 水●大さじ2
しょうゆ●大さじ1
砂糖●大さじ1
酒●大さじ1
卵●1個
もみのり●少々
漬けもの[好みのもの]
●少々

2

3

作り方

1

弁当箱にごはんをつめて冷ます。

解凍 2

2つ折りにしたペーパータオルに
冷凍とんカツをのせて、
ラップをかけ、電子レンジ弱で
2分加熱。半解凍でとり出して、
幅1.5～2cmに切る。

3

フライパンにAを入れて煮たて、
2のとんカツと玉ねぎを加える。
煮立ってきたら中火で1分煮て
みつばを散らし、とき卵を
回しかけ、火をとめる。

4

粗熱をとって、弁当箱につめる。
ごはんにはもみのりを散らし、
漬けもの少々をそえる。
カツ煮をごはんに
のせてしまえばカツ丼に。

冷凍ストックのもちがあれば、京風茶漬けが

焼きもち茶漬け

341kcal●塩分*0.5g*

材料

[2人分]

もち[冷凍]●2個
ごはん●茶わん2はい
熱々の番茶●適量
塩●少々
わさび●少々

①

③

作り方

解凍 **1**

冷凍もちを冷たいテフロンのフライパンに油をひかずに並べ、ふたをして弱火で焼く。
下側がこんがりきつね色になったら、裏返して弱火でこんがり焼く。

2

茶わんにごはんを入れて、*1*のもちをのせる。

3

熱い番茶を注ぐ。
塩とわさびはお好みで。

冷凍のあさりのうま味をスパゲッティにからめて

あさりのスパゲッティ

408kcal●塩分*2.1g*

材料

［2人分］

あさり［冷凍］●500g
スパゲッティ
［ゆでたもの・冷凍］
●300g
オリーブ油●大さじ2
にんにく●1かけ
→みじん切り
赤唐辛子●1/2本
白ワイン●1/4カップ
塩、こしょう●各少々
パセリ［みじん切り］
●大さじ2

①

②

作り方

解凍 1

フライパンにオリーブ油と
にんにくと種を除いた赤唐辛子を
加え、じっくり炒める。
にんにくがきつね色になったら、
冷凍あさりと白ワインを加え、
ふたをする。

解凍 2

煮立ったらふたをとって、
冷凍スパゲッティを加え、
解凍しながら汁が半量になるまで
煮つめる。

3

塩、こしょうで味をととのえる。
器にもり、パセリをふる。

湯をわかさなくてもざるうどんが

ざるうどん鴨南蛮風

469kcal●塩分*2.2g*

材料

[2人分]

うどん[ゆでたもの・冷凍]
●2パック(400g)

鴨南蛮風つゆ

鶏もも肉[薄切り]
●200g
ごぼう●1/4本
→ささがきにし、水に放す
にんじん●1/2本
→ささがき
クレソン●100g
→3cm長さ切り
長ねぎ●10cm
→小口切り
水●$1\frac{1}{2}$カップ
A めんつゆ[3倍濃縮]
　●大さじ3
　しょうゆ●大さじ1
　酒●大さじ1
七味唐辛子●適量

1

3

作り方

1

鍋に鶏肉、ごぼう、にんじん、
クレソンを水を入れて火にかける。
煮立ったら弱火にして、
10分ほど煮る。

2

*A*を加えて調味して、
長ねぎを加えて火をとめる。

解凍 3

冷凍うどんを耐熱ボウルに移し、
ふたまたはラップをして
600W電子レンジで
6分[500W8分]加熱し、
つゆにつけながらいただく。
好みで七味唐辛子をふる。

朝の食卓にトーストの焼けるにおいが流れて…

こんがりバタートースト

401kcal●塩分*1.6g*

材料

［2人分］

食パン［6枚切り・冷凍］
●4枚
バター●適宜

作り方

解凍 1

オーブントースターに
冷凍食パンを入れて、
こんがりきつね色になるまで焼く。

2

とり出して、バターをぬる。

甘酸っぱくてピリリと辛いハムサンド。ウォ～！と叫びたいような絶品の味

ハムと甘酢しょうがのサンドイッチ

317kcal●塩分2.6g

材料

［2人分］

食パン［サンドイッチ用・冷凍］●6枚
ソフトマーガリン●大さじ1
マヨネーズ●大さじ1
ボンレスハム［超薄切り・冷凍］●100g
甘酢しょうが●50g
サラダ菜●3枚

1

3

作り方

解凍

1

冷凍ハムは、ペーパータオルにのせ、ラップをかけ、電子レンジ弱で2分加熱し、半解凍する。
冷凍食パン3枚にマーガリンを塗る。
［ゴムべらを使うと薄くのばせてよい］
残りの冷凍食パン3枚にマヨネーズを塗る。

2

マーガリンを塗った食パンに、ハム、甘酢しょうが、サラダ菜を等分にのせる。

3

2の上にマヨネーズを塗った面を内側にして、食パンをのせ、×印に切りわける。

まるで手品のようにプチトマトの皮がむける

凍りプチトマトのマリネ

41kcal●塩分1.6g

材料

［2人分］

プチトマト●1パック

マリネ液

A 酢●1/4カップ
　水●1/4カップ
　砂糖●小さじ1
　塩●小さじ1
　サラダ油●大さじ1

1

3

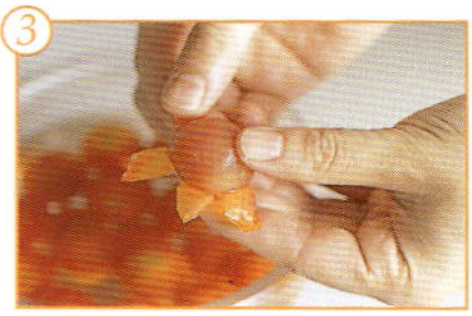

作り方

冷凍

1

プチトマトは、
へたをとって一晩凍らせる。

2

びんか容器にAを合わせ、
マリネ液を作る。

3

ボウルに水を入れ、
プチトマトを加え、
皮がパチンとはじけるのでむき、
2に加える。

4

15分くらいで食べれば、
シャリシャリ状態。
1時間たつと、
プヨプヨのコンポート状態。

キャロット・ラペという名のビストロ料理。ちょっとやみつきになる味

にんじんとゆで卵のサラダ

172kcal●塩分0.7g

材料

[2人分]

にんじん[せん切り・冷凍塩もみしたもの※P23参照]●100g
卵●1個
塩●少々
こしょう●少々
レモン汁●1/2個分
オリーブ油●大さじ2
パセリ[みじん切り]●少々

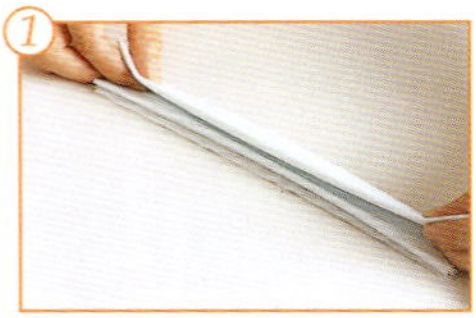
1

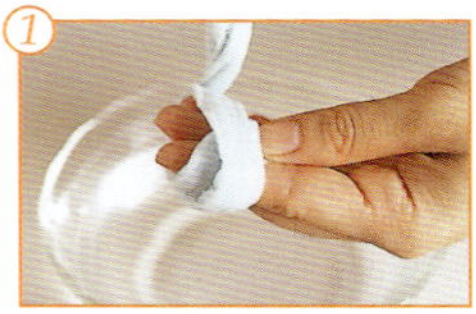
1

1

3

作り方

1

ティッシュを2枚重ねにして細く巻き、水でぬらしくるくるとねじって、直径3cmの輪にして鍋におき、卵のとがった方を下にしておき、水大さじ1を入れてふたをして火にかける。
蒸気が上がってきたら弱火にし、12分加熱。冷水に放して冷まし、殻をむく。粗みじん切りにする。

解凍 2

1を作っている間に、ボウルに冷凍にんじんをラップよりとり出して移し、塩、こしょう、レモン汁、オリーブ油をかけておく。
[塩は、冷凍にんじんの塩けに合わせてふる]

3

1を2に加えてさっくり混ぜ、パセリをふる。

ひとくち memo

この方法でゆで卵を作ると、卵黄が必ず中心にくる、卵黄のまわりがグレーにならない、といいことずくめ。必ず形がよくて香りのよいゆで卵ができます。

パックごと冷凍室へ入れれば凍み豆腐になる。
冷凍しておけば、水きりの必要なし!

いり豆腐

378kcal●塩分3.4g

材料

[4人分]

豆腐[冷凍]●1丁(300g)
サラダ油●大さじ3
ベーコン●100g
→薄切り・幅1cm切り
長ねぎ●1本→小口切り
にんじん●1本
→3cm長さ切り
干ししいたけ●2枚
→もどしてせん切り
しらたき●1パック
A 塩●小さじ1
　しょうゆ●大さじ2
　砂糖●1/2カップ
卵●2個

1

3

作り方

解凍 1

冷凍の豆腐は、パックから出して
耐熱ボウルに入れ、ふたをして
600W電子レンジで6分
[500W8分]加熱し、
泡立て器でつきくずして、
ざるへ上げる。

2

鍋を温め、サラダ油でベーコンを
軽く炒め、脂が出たら野菜としらたきを
加えて、しんなりするまで炒める。

3

1の豆腐を加え、強火で炒め、
水分がとんだら*A*を加えて調味する。

4

卵を溶いて加えて、いりつける。

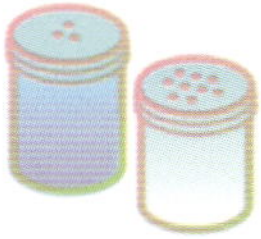

いつものこんにゃくのいり煮より、倍おいしい

凍みごんにゃくの土佐煮

96kcal●塩分*2.0g*

材料

［2人分］

こんにゃく［冷凍］
●1丁→200g
ごま油●大さじ1
赤唐辛子●1本
→両端を落として種をはずして小口切り
A しょうゆ●小さじ1/2
　みりん●大さじ1
削りかつお●小1袋

①

③

作り方

冷凍 **1**

こんにゃくをスプーンで一口大にかきとって、ふたつき容器やポリ袋に入れて冷凍しておく。

解凍 **2**

冷凍こんにゃくを耐熱ボウルに移し、ふたまたはラップをかけ、600W電子レンジで100gにつき4分［500W 5分］加熱してざるへ上げる。

3

鍋に2のこんにゃくとごま油を入れ、強火で泡だらけになるくらい、いりつける。赤唐辛子とAを加え、煮汁がなくなるまでいりつけて火をとめ、削りかつおをふりこんでまぶす。

ひとくち memo

冷凍したこんにゃくを電子レンジで加熱することで、下ゆでしてアクを除いたのと同じ効果になります。

さわやかな甘味とカロリー控えめがうれしい

バナナアイスクリーム

75kcal●塩分*0.1g*

材料

[2人分]

バナナ●1本
ヨーグルト[加糖]
●小1パック(120ml)
砂糖●適宜

①

②

作り方

1

バナナの皮をむいてボウルに入れる。
フォークでつぶす。
少し粒々が残るくらいがよい。

2

ヨーグルトを加えて混ぜ、
好みで砂糖を加え、
なめらかになるまで混ぜる。

冷凍 3

ふたつき容器に移して冷凍。
6時間おくと、
アイスクリームのでき上がり。

デザート
1

ビタミンCたっぷりの冷凍いちごを氷代わりに使って

真っ赤な色のいちごのスムージー

35kcal●塩分*0.3g*

材料

[2人分]

いちご[冷凍]●100g
野菜ジュース●1缶(190g)

1

2

作り方

1

ミキサーに冷凍いちごを入れる。
野菜ジュースを注ぐ。

2

なめらかになるまでスイッチオン。

ひとくちmemo

いちご100gに80mgのビタミンCという含有量はフルーツの中では最高！水溶性食物繊維のペクチンを多く含むので整腸作用があり、便秘がウソのように改善されます。
また、カリウムの含有量も高く、とりすぎた食塩(ナトリウム)を排泄する作用があり、高血圧や心臓病の予防に効果的。

ヨーグルトの酸味にそえて甘さ控えめの

いちごのジャム

119kcal●塩分*0.1g*

材料

［4人分］

いちご［冷凍］●100g
砂糖●50g
レモン汁●大さじ2
ヨーグルト［プレーン］
●400g

①

②

作り方

1

耐熱ボウルに冷凍いちごを移し、
砂糖を加えてレモン汁をかける。

解凍 2

ふたまたはラップをして
600W電子レンジで
2分［500W2分30秒］加熱する。
いちごと砂糖が溶けたら、
木ベラで混ぜ、ふたはしないで
さらに6分［500W8分］加熱。
途中でアクが出たようにみえても、
いちごの場合はあらかたが空気。
途中でとったりしないこと。

3

でき上がったジャムは、
熱いうちにびんにつめてふたをする。

4

ヨーグルトに付いていれば
フロストシュガーを加えて、
泡立て器でよく混ぜて、器に注ぐ。
いちごジャムを好みの量そえて。

ひとくち
memo

ジャムをつめるびんは、煮沸消毒しなくても、
びんが完全に乾いていればカビません。

LAIT
SPOON

村上祥子
むらかみさちこ

福岡県生まれ。福岡女子大学家政学科卒業。管理栄養士。
東京と福岡にクッキングスタジオを主宰し、
テレビ出演、出版、講演、商品開発、母校の大学の講師と幅広く活躍。
自称“空飛ぶ料理研究家。”豊富なレシピとシンプルで手早い調理法には定評がある。
著作に『村上祥子の電子レンジらくらくクッキング』[ブックマン社]
『日々これ、日本のおかず』[家の光協会]などがある。

空飛ぶ料理研究家・村上祥子のホームページ
http://www.murakami-s.com

(株)ムラカミアソシエーツ
山下圭子
古城佳代子
小林妙子
水上香織

デザイン
日下充典

撮影
松本祥孝

スタイリング
中安章子

村上祥子のらくらくシリーズ
冷凍保存でムダなくおいしく食べきる
村上祥子のらくらく冷凍・解凍クッキング

2000年11月30日初版第1刷発行

著者
村上祥子

発行者
木谷仁哉

発行所
株式会社ブックマン社
〒101-0065東京都千代田区西神田3-3-5tel.03-3237-7777　http://www.bookman.co.jp

印刷所
図書印刷

ISBN 4-89308-425-9
Printed in Japan